(Par Ant. Jay, d'après Barbier.)

HISTOIRE MODERNE

EXTRAITE DE DEUX CHAPITRES

DE

L'HISTOIRE DES TEMPS PASSÉS;

À L'USAGE DE TOUS LES PARTIS.

HISTOIRE MODERNE,

EXTRAITE DE DEUX CHAPITRES

DE

L'HISTOIRE DES TEMPS PASSÉS ;

A L'USAGE DE TOUS LES PARTIS.

C'est de la vérité seule que l'utilité peut naître.

A PARIS,

Chez { L'HUILLIER, Libraire, rue Serpente, n° 16;
{ DELAUNAY, Libraire, au Palais-Royal.

M. DCCC. XVI.

INTRODUCTION.

Oɴ cherche à expliquer la conduite de quelques ambitieux qui étaient connus depuis long-temps comme les défenseurs des idées despotiques, et qui paraissent s'attacher aujourd'hui à la Charte constitutionnelle avec plus de ferveur que les vrais amis de la liberté. Leur doctrine favorite était la concentration des pouvoirs ; ils cherchent maintenant à les affaiblir en les opposant l'un à l'autre. Leur but n'est-il plus le même ? auraient-ils cédé à l'ascendant des lumières ? seraient-ils enfin devenus ce qu'ils n'ont jamais été, je veux dire les protecteurs des droits de la nation ?

On ne change pas aussi aisément d'intérêts et de principes. Lorsque ces factieux, séduits par l'ambition, entraînés par la cupidité, se montraient plus jaloux que le Roi lui-même de sa prérogative, c'est qu'ils espéraient devenir les dépositaires exclusifs de l'autorité royale, et l'exercer uniquement au profit de quelques hommes assez présomptueux pour imaginer qu'ils forment eux seuls le peuple français. Alors nous aurions vu s'organiser une aristocratie oppressive qui n'aurait laissé au Roi que des honneurs sans dignité, et un titre sans puissance. Le monarque une fois séparé de son peuple, toutes les avenues du trône fermées aux accens de la vérité et de la justice, de nouvelles agitations allaient ébranler la France, et, déplaçant les intérêts établis par la force des choses, précipiter l'état, du despotisme dans l'anarchie, et de l'anarchie dans le despotisme, terrible et inévitable alternative, à laquelle tout pays sortant d'une révolution est condamné, lorsque les rênes du pouvoir flottent entre des mains inhabiles, ou qu'il est permis à une faction de s'élever audacieusement au-dessus des lois.

Les premières démarches des factieux ont marqué la fin qu'ils se proposaient. Ils se sont d'abord servi de la terreur. Moins sensible à Paris, où la présence de l'autorité contient l'audace et réprime la licence, la terreur s'était répandue dans les provinces. Le souvenir des services rendus, le mérite personnel, l'estime publique, le témoignage d'une conscience pure, n'étaient plus des motifs de sécurité. Que d'hommes irréprochables ont été poursuivis par la calomnie et dénoncés par l'esprit de parti! C'était un crime aux yeux de certaines gens que d'être né pendant la révolution, ou d'avoir exercé des charges publiques depuis vingt-cinq ans. Les citoyens alarmés du présent, et plus encore de l'avenir, étaient livrés à une cruelle incertitude; une défiance générale arrêtait le mouvement de l'industrie et s'opposait au rétablissement du crédit public; enfin tous les vœux et tous les regards se tournaient vers le protecteur naturel du peuple, vers le Prince qui, dans de telles circonstances, pouvait seul réprimer de coupables tentatives, rendre la force aux lois et l'autorité à la justice.

L'ordonnance du 5 septembre annonça d'une manière solennelle les intentions du monarque, et fut reçue aux acclamations de tous les hommes sincèrement attachés à leur pays. Un écrivain distingué par des succès littéraires, qui pourrait faire de son éloquence et de ses lumières un plus noble usage, peut-être égaré par une imagination trop ardente, éleva des doutes sur la volonté royale, et se rendit ainsi l'organe d'un parti trompé dans ses espérances.

L'opinion publique ne prit point le change ; elle n'aperçut dans cette interprétation téméraire que le regret de perdre un instrument d'oppression, et de voir s'évanouir les rêves d'une ambition exagérée.

Les factieux, forcés de dissimuler leurs projets, ont compris un peu tard qu'il était maladroit de manifester trop ouvertement des prétentions incompatibles avec l'existence de l'ordre et les intérêts de la nation ; aussi nous les voyons quitter le terrain qu'ils avaient choisi, et se retrancher derrière la Charte constitutionnelle. Eux, qui frémissaient au nom des idées généreuses, invoquent maintenant l'esprit du siècle et la liberté ; ces vieux apôtres du pouvoir arbitraire, qui souriaient avec dédain au mot de constitution, et dont aucune mesure de rigueur, aucun motif d'humanité et de justice ne pouvaient désarmer la vengeance, réclament aujourd'hui les droits dont ils voulaient priver leurs concitoyens, et s'élèvent contre les mêmes mesures qu'ils ont provoquées avec tant de zèle et d'enthousiasme. C'est au nom du bien public qu'ils répandaient la calomnie, et proscrivaient tous ceux qui ne partageaient pas leurs fureurs ; c'est encore au nom du bien public qu'ils s'efforcent de soulever les passions et de ressusciter l'anarchie.

Dans l'une et l'autre position ce sont toujours les mêmes vues. L'usurpation du pouvoir, l'affaiblissement de l'autorité royale qui gêne leurs projets de destruction, tel a été constamment, tel sera toujours le but de leurs efforts. Exclusifs, même en affectant l'amour de la patrie, ils voulaient être les seuls royalistes ; ils veulent être aujourd'hui les seuls constitutionnels ; soit qu'ils appellent le despotisme, soit qu'ils réclament la liberté, ils s'isolent dédaigneusement du reste de la nation ; qu'ils soient libres et que nous soyons esclaves, tous leurs vœux seront accomplis.

S'ils voulaient s'exprimer avec franchise, ils avoueraient qu'ils n'aiment ni la royauté, ni la Charte constitutionnelle. L'intérêt de leur ambition et de leur orgueil occupe toutes leurs pensées, dirige toutes leurs démarches. Habiles à changer de masque, ils n'hésitent pas à prendre celui de la religion pour séduire la faiblesse et pour tromper la bonne foi. La France n'aurait pas d'ennemis plus dangereux, s'ils avaient autant de courage que d'arrogance, autant d'habileté que de prétentions.

Ce qui doit nous rassurer, c'est que le nombre de ces ambitieux est infiniment petit. Dès que leurs intentions ont été connues et leurs espérances dévoilées, les amis sincères de la légitimité, qui ne désirent que l'affermissement du trône et le règne des lois, les ont abandonnés. S'il reste encore quelques hommes estimables qui soient dupes de leurs protestations hypocrites, ils seront bientôt éclairés et se hâteront de revenir à des sentimens d'équité et de modération. C'est pour eux que je rassemble quelques pages instructives, et que j'interroge l'histoire, dont le témoignage ne peut être suspect. Ils verront que, dans tous les temps et dans toutes les circonstances, les factieux ont tenu le même langage et poursuivi les mêmes projets. Quant à moi, qui n'ai d'autre but que de contribuer au repos et au bonheur de ma patrie, je n'oublierai point cette maxime qui devrait toujours être présente à l'esprit des écrivains politiques : « C'est » de la vérité seule que l'utilité peut naître ».

HISTOIRE MODERNE

EXTRAITE DE DEUX CHAPITRES

DE L'HISTOIRE DES TEMPS PASSÉS;

A L'USAGE DE TOUS LES PARTIS.

CHAPITRE PREMIER.

La Ligue.

Henri III venait de monter sur le trône, et annonçait l'intention de régner par lui-même. La maison des Guises, qui, depuis François II, avait acquis une prépondérance décidée, ne pouvait se résoudre à voir passer entre d'autres mains les rênes du Gouvernement. Ces seigneurs, trop puissans dans une monarchie, avaient réuni autour d'eux une partie de la noblesse, qui regrettait les anciens priviléges et ne pouvait s'accoutumer à l'empire des lois. Les querelles religieuses, que les doctrines de Luther et de Calvin avaient excitées en France, parurent aux mécontens un moyen propre à former une opposition formidable et à usurper l'autorité.

Ils commencèrent par répandre des bruits injurieux à la majesté royale ; ils élevèrent des doutes sur la bonne foi du monarque. « Ce » prince, disaient-ils, cache avec soin ses véri- » tables sentimens ; il est infecté des erreurs » qui ont amené tous nos désastres ; il se laisse » entièrement gouverner par ses ministres. » Au lieu d'employer des mesures énergiques » commandées par les circonstances, il tran- » sige avec la rébellion et l'impiété ; sa clé- » mence pusillanime encourage ses ennemis ; » une faction formidable et qui embrasse toutes » les classes du peuple, conspire la ruine de » l'autel et du trône ; des ministres pervers » sont à la tête de cette conspiration, et favo- » risent secrètement les opinions nouvelles ; » l'union seule de tous les hommes intéressés » à la conservation de la monarchie peut sau- » ver la religion et la France ; il faut servir le » Roi malgré lui-même ; il faut rendre au » clergé, à la noblesse, leurs prérogatives ina- » liénables, et asseoir l'État sur ses antiques » fondemens ».

« Par la formule de l'union qui devait être signée au nom de la très-sainte Trinité, dit le président de Thou, chaque particulier s'engageait par serment à vivre et mourir dans la *Ligue*, pour le rétablissement de la religion, pour la défense du Roi, pour le maintien des différentes provinces du royaume dans tous leurs droits, priviléges et libertés, telles qu'elles les possédaient *du temps de Clovis* ».

« Telle fut, ajoute le judicieux historien, l'origine de cette ligue abominable, qui ne tendait à rien moins qu'à renverser tous les droits divins et humains. Le Roi dissimula d'abord ; il eut même l'imprudence de l'autoriser de son nom. Dans la suite, il écouta de meilleurs conseils ; il arrêta ses progrès pour un temps ; mais, parce qu'il ne l'avait jamais bien éteinte, elle éclata enfin et fut la cause de sa ruine ».

Henri III crut qu'il pouvait se servir de la Ligue ; il ignorait ce qu'il en coûte à un roi de se mettre à la tête d'une partie de ses sujets contre l'autre. Il n'est plus alors que l'instrument d'une faction ; l'autorité échappe de ses mains ; les lois sont méprisées ; l'esprit de parti règne seul dans l'État. Dès-lors plus de gouvernement régulier, plus d'administration et de crédit ; la justice est remplacée par la violence, et l'ordre par l'anarchie.

Cependant., au bruit que fit la nouvelle union, toutes les ambitions se réveillèrent. Une foule d'écrivains, que le tocsin des discordes civiles ne manque jamais de faire sortir de leurs retraites, se hâtèrent d'offrir leurs services aux chefs des factieux. On connaît peu de ces libelles qui valurent à leurs auteurs un moment de honteuse célébrité. On sait seulement qu'un certain David, personnage d'une réputation équivoque , joua un grand rôle dans le parti. Ce David, enthousiaste de sang-froid et religieux par calcul, se flattait de parvenir à une place éminente, quoiqu'il ne possédât aucune des qualités nécessaires à un homme d'état. Il s'était entouré de prôneurs qui le représentaient comme un écrivain de génie et un grand politique. Quelques femmes vaporeuses, qu'il séduisait par ses déclamations mystiques, l'avaient pris sous leur protection spéciale, et le regardaient comme un père de l'Église. David rédigeait les manifestes des mécontens , et fut même envoyé à Rome , pour solliciter le Pape en faveur de la Ligue.

Henri III, qui appréciait la franchise et l'intégrité du premier président de Thou, voulut connaître l'opinion de ce vertueux magistrat. Claude Dorron, qui fut depuis maître des requêtes, reçut l'ordre de voir le premier président et de lui demander son avis sur la situation des choses. Lorsque Dorron lui eut appris l'intention du Roi, ce grand homme ne put retenir ses larmes, et lui parla en ces termes :

« Il est bien tard de penser à me consulter. Déjà le royaume entier a retenti du bruit de la Ligue ; déjà presque toutes les provinces et les villes, entraînées par les factieux, se sont fait un devoir de l'embrasser. Dès-lors je crus qu'il était de mon devoir d'avertir S. M. de se mettre en garde contre ces assemblées secrètes qui se tenaient en divers lieux, et de prévenir les desseins séditieux qu'on y formait. Je fis plus, et j'eus assez d'autorité sur un grand nombre de ceux qu'un faux zèle avait entraînés dans ces assemblées, pour les en retirer absolument.

» Puisqu'on veut avoir mon avis, quoiqu'il

vienne un peu tard, je ne craindrai pas de le dire : « Tout parti dans un état le conduit né-
» cessairement à sa ruine, malheur qui ne peut
» manquer d'arriver, si S. M. autorise les ca-
» bales par une dissimulation mal entendue ;
» et qu'il me soit permis de le dire, ce n'est
» pas avoir prévenu le danger que d'avoir con-
» seillé au Roi, pour dissiper ce parti, de s'en
» déclarer le chef ; au contraire, par cette dé-
» marche il s'est dépouillé de la majesté royale ;
» il a renoncé par-là au droit que le trône lui
» assurait de n'avoir point d'égal, pour s'abais-
» ser au niveau des factieux ; il s'est, pour ainsi
» dire, démis de cette autorité suprême, que
» Dieu et sa naissance lui avaient donnée sur
» tous ses sujets.

» Quel peut être en effet le but de ces levées
» qui se font dans les provinces au nom de
» l'Union, et sur lesquelles se fondent ceux
» qui prétendent couvrir leurs attentats du
» manteau de la religion, sinon d'apprendre
» aux Français, par ce funeste exemple, qu'il
» peut y avoir dans le royaume un pouvoir
» différent et distingué de celui du Roi ? Com-
» ment l'autorité sacrée des magistrats et des

» lois pourra-t-elle se faire entendre à un peu-
» ple agité par l'esprit de faction? La majesté
» même du souverain sera-t-elle respectée?
» Déjà il me semble entendre retentir les dé-
» clamations séditieuses des orateurs vendus
» au parti, tout prêts à se déchaîner contre
» l'autorité légitime, à décrier la conduite du
» Prince et de ses plus fidèles conseillers. Qui
» pourra mettre un frein à leurs invectives?
» qui sera capable de faire rentrer dans le de-
» voir des hommes furieux qui auront franchi
» toutes les bornes ?

» Le mal deviendra si grand, que le monar-
» que n'aura plus d'autre ressource pour con-
» jurer l'orage, que d'implorer le secours des
» chefs mêmes des rebelles; et alors que lui
» restera-t-il à espérer? Il aura la douleur de
» voir ses propres sujets s'emparer à leur gré
» du gouvernement, et ne pas même lui lais-
» ser la liberté de choisir ses conseillers et les
» dépositaires de son pouvoir ».

Le président de Thou termina son discours
en conseillant au Roi de tourner toutes ses
vues du côté de la paix, de déployer son
autorité pour contenir les factieux, et de ne

jamais oublier qu'il était le roi de la France, et non pas seulement le roi de la Ligue.

Dorron, chargé de cette réponse, retourna auprès du Roi, qui était alors à Blois. Henri III en fut d'autant plus frappé, qu'il connaissait la droiture et les lumières du président de Thou. Aussi, après un moment de silence : « Nous avons trop attendu, dit-il, à consulter » M. de Thou ; mais puisque les circonstances » ne nous ont pas permis de suivre ses conseils » lorsqu'ils pouvaient encore être utiles, tâ- » chons du moins de profiter de ses derniers » avis, et ne prenons les armes que pour jeter » la terreur dans le cœur des rebelles, et pro- » curer par-là une paix solide à nos sujets ».

Henri III ne suivit pas avec assez de fermeté cette résolution. Les factieux marchaient tête levée, et ne dissimulaient plus leurs intentions. Ils coloraient tous leurs desseins du spécieux prétexte de la religion, et faisaient entendre aux esprits faibles et soupçonneux qu'elle était en danger sous le gouvernement d'un prince qui n'écoutait que de mauvais conseils. Ils entretenaient des émissaires dans toutes les villes et les places du royaume.

C'étaient tous des gens ruinés, des hommes qui ne pouvaient espérer que d'une guerre civile, ou une ressource à leur misère, ou l'impunité des crimes dont ils étaient chargés. Il se tenait surtout à Paris des assemblées fréquentes du parti. C'était par-là que le duc de Guise voulait que commençât la révolte, persuadé que les autres villes suivraient infailliblement l'exemple de la capitale. Dans cette vue, il avait à ses gages un grand nombre de prédicateurs qu'il soudoyait avec l'argent qu'il recevait de la cour d'Espagne. Ces gens vendus à la Ligue, au lieu de prêcher au peuple la parole de Dieu, ne travaillaient qu'à le soulever, en le remplissant de défiance et de terreurs paniques. Tantôt ils se contentaient d'accuser le Prince d'une sécurité et d'une négligence inexcusables ; quelquefois ils s'emportaient jusqu'à censurer ouvertement sa conduite : il n'y avait point d'impostures qu'ils ne missent en usage pour tromper la multitude et pour avilir le Gouvernement.

D'un autre côté, le parti, comme on l'a déjà vu, ne manquait pas d'écrivains qui, soit qu'on payât leur zèle mercenaire, soit qu'ils fussent infectés eux-mêmes de la contagion naissante, s'efforçaient d'enflammer les imaginations et d'agiter les esprits par les libelles séditieux qu'ils composaient, et qu'on répandait ensuite avec beaucoup de licence. L'un des plus dangereux de ces libellistes était un avocat nommé Louis d'Orléans. Cet homme était méprisé au barreau, où, malgré toutes ses intrigues, il n'avait pu parvenir à se faire une réputation. Personne ne se donnait plus de mouvement que cet avocat; on le voyait le même jour dans tous les quartiers de Paris où il avait des affidés. Son nom avait été prononcé avec scandale dans plus d'une mauvaise affaire; mais son effronterie et son attachement affecté pour la religion l'avaient rendu cher à la Ligue. Il s'était faufilé parmi les dévots, qui lui pardonnaient ses vieux péchés en faveur de son nouveau zèle. Cet homme s'avisa de publier à cette époque un long et ennuyeux discours où il exhortait les Français à se précautionner contre les entreprises des hérétiques et contre la tyrannie. Ce libelle, dit le président de Thou, produisit l'effet d'un tocsin général. Comme cet écrit était propre à exciter les peuples à la sédition, plusieurs personnes se chargèrent de le réfuter. Il parut entre autres une réponse composée par Denis Bouthillier, honnête homme, et très-habile avocat.

Henri III ne tarda pas à s'apercevoir que l'hésitation et la faiblesse sont de mauvais moyens de gouvernement. Il connut bientôt, par une triste expérience, qu'il est impossible de satisfaire l'esprit de parti. Lorsqu'il faisait une concession, on l'attribuait à la crainte, et les factieux ne lui en savaient aucun gré. Ses ministres étaient en butte aux attaques et aux calomnies de tous ceux qui cherchaient à exercer le pouvoir. Le Roi lui-même était personnellement outragé dans les discours et dans les libelles des ligueurs. S'il se livrait à des pratiques religieuses, on l'accusait d'hypocrisie; il ne faisait pas une démarche qui ne fût interprétée d'une manière odieuse; enfin les ligueurs parvinrent à lui enlever l'amour et le respect de son peuple.

La fameuse journée des Barricades fut la conséquence de cet état de choses. On vit alors un roi de France forcé d'abandonner sa capitale, et de fuir devant un parti qu'il avait comblé de caresses et de faveurs. Une chose singulière, c'est qu'on outrageait la majesté royale aux cris de *vive le Roi !* et que les ligueurs les plus forcenés, qui calomniaient secrètement les intentions du monarque, lui prodiguaient en public les démonstrations les plus vives de respect et d'amour. Les chefs eux-mêmes, dans leurs proclamations, assuraient que c'était uniquement pour le servir qu'ils s'emparaient de son autorité.

« Pour moi, dit le vénérable historien qui » nous sert de guide, je me souviens que, quel- » que temps avant midi, lorsque les rues n'é- » taient point encore barricadées, je voulus » voir quelle contenance tenaient les deux par- » tis. Dans cette vue, étant sorti de chez moi » sans craindre le danger auquel je m'exposais, » je me rendis à pied au Louvre, que je trou- » vai désert, et où régnait un morne silence, » marque certaine de consternation. Je m'ap- » prochai d'un de mes amis qui m'accompa- » gnait, et lui dis à l'oreille : Que ce jour-là, si » je ne me trompais, allait porter le dernier » coup au Roi et à son pouvoir, et que je » croyais remarquer dans les yeux des chefs de

» la Ligue, un air de confiance et de gaîté qui
» annonçait de sinistres événemens. Ce fut là
» en effet le dernier coup qui acheva de ren-
» verser l'autorité royale. Henri III fit ensuite
» d'inutiles efforts pour ressaisir le pouvoir
» échappé de ses faibles mains. Depuis ce jour,
» la majesté du trône resta, pour ainsi dire,
» ensevelie dans un funeste oubli jusqu'au
» règne de Henri IV. Alors, par les armes vic-
» torieuses de ce grand prince, né pour domp-
» ter la révolte et réprimer tous les partis, la
» nation entière s'est réunie dans les mêmes
» sentimens de loyauté et de soumission aux
» lois, pendant le règne de ce monarque, que
» le ciel nous a envoyé sous de très-heureux
» auspices. On a vu l'autorité royale reprendre
» sa première vigueur et son ancien lustre, et
» le trône français rentrer, par une faveur ines-
» pérée de la Providence, dans le droit dont
» il avait joui jusque alors, d'être le plus glo-
» rieux et le plus florissant de toute la chré-
» tienté ».

Henri III jugea nécessaire de convoquer les
États-généraux à Blois; mais l'influence des
ligueurs sur les élections assura au parti la

prépondérance dans cette assemblée. Le discours d'ouverture que le Roi prononça avec
beaucoup d'assurance et de chaleur, prouvera
que ce prince n'était pas dépourvu de lumières,
et qu'il avait dans l'esprit la force qui manquait à son caractère.

« Je commence, dit-il, par demander à Dieu
» qu'il daigne m'accorder les lumières de son
» Esprit-Saint, afin que je puisse terminer
» heureusement le grand ouvrage que j'ai en-
» trepris pour sa gloire, pour la tranquillité
» de mon royaume et le soulagement de mes
» sujets, et répondre aux vœux de la nation,
» dont le bonheur est attaché aux travaux de
» cette assemblée. Il s'agit aujourd'hui de ré-
» tablir l'État, de réformer les abus que les
» guerres civiles et la licence des derniers temps
» ont introduits en France, d'éteindre jus-
» qu'aux moindres étincelles qui pourraient
» rester encore du feu de nos divisions, d'écar-
» ter tout intérêt particulier, et de rendre à la
» France sa première splendeur.

» Dès que je me suis vu sur le trône, le pre-
» mier de mes soins a été de chercher les
» moyens les plus propres, que le malheur des

» temps pouvait me fournir, de remédier à
» vos maux et aux calamités publiques. Com-
» bien n'y ai-je pas été sensible! A présent que
» l'âge m'a donné plus d'expérience, jugez
» quelle doit être ma juste douleur, de voir
» que tous les remèdes dont on s'est servi jus-
» qu'ici, loin de guérir le mal, n'ont fait au
» contraire que l'augmenter, et que je suis ré-
» servé à ces temps malheureux où Dieu, éga-
» lement irrité contre les sujets et le souve-
» rain, semble vouloir épuiser sur la France
» son légitime courroux. Depuis ce temps-là,
» il n'y a point de moyens que je n'aie imagi-
» nés, point de voies que je n'aie proposées à
» mon conseil pour apaiser la colère divine
» et soulager les maux dont mon peuple était
» accablé. La paix et la guerre ont-elles aucunes
» ressources auxquelles on n'ait eu recours?
» Cependant tous nos soins n'ont-ils pas été
» inutiles? N'avons-nous pas toujours été éga-
» lement malheureux ?

    » C'est un usage bien louable établi par nos
» ancêtres, bien propre à fortifier l'autorité des
» lois et celle du prince qui en est le protec-
» teur, de convoquer des États qui, de concert

» avec le souverain , prennent des mesures
» pour remédier aux abus que les guerres ci-
» viles et le malheur des temps auraient pu
» introduire dans le gouvernement. Quoi qu'en
» puissent dire des gens peu sensés, et qui ne
» savent pas porter un jugement sain de cha-
» que chose, ces sortes d'assemblées ne peu-
» vent nuire à la puissance de celui qui gou-
» verne; elles ne servent au contraire qu'à l'éta-
» blir; car en rendant aux lois leur vigueur et
» en les faisant observer, on affermit le prince
» sur le trône contre tous les efforts de ceux
» qui oseraient l'outrager.

» Un de vos premiers soins doit être de tra-
» vailler à rétablir dans nos armées cette an-
» cienne discipline qui faisait autrefois la ter-
» reur de nos ennemis et l'admiration de nos
» voisins. Il est certain que je ferais les mêmes
» vœux que cet ancien empereur romain, qui
» souhaitait qu'il ne fût fait mention, pendant
» son règne, ni de tributs ni d'impôts; mais
» comme on n'a pas de troupes, si l'on ne
» fournit à leurs appointemens, que l'État ne
» se soutient que par ses revenus, et qu'on ne
» peut en tarir la source sans causer nécessai-

» rement sa ruine, rassemblez vos conseils
» pour trouver les voies, les moins onéreuses
» qu'il sera possible, de fournir aux besoins
» du royaume ; car je vous donne la permis-
» sion d'examiner les finances, et de faire sur
» ce sujet les règlemens que vous jugerez à
» propos. Oui, je racheterais volontiers le sou-
» lagement de mon peuple aux dépens de mes
» jours ; et qu'ai-je en effet qui m'appartienne
» en propre? Mes intérêts ne sont-ils pas les
» mèmes que ceux de mes sujets ? Songez aussi
» qu'il est de mon honneur et du vôtre de
» payer les dettes de l'État. C'est à vous à rem-
» plir les engagemens que la nation a pris, et à
» décharger par là ma conscience et celle des
» rois mes prédécesseurs.

» Au reste, puisque le prince est comme le
» modèle sur lequel ses sujets aiment à se ré-
» gler, j'ai résolu de mettre un tel ordre dans
» ma conduite intérieure et extérieure, et dans
» toute ma maison, que je puisse servir d'exem-
» ple à ceux qui voudront m'imiter.

» Je suis bien aise aussi que l'on sache qu'un
» bon roi ne doit connaître d'autre règle de ses
» pensées et de ses actions que les lois, ni per-

» mettre que leur autorité soit ébranlée par la
» violence et par la faveur.

» Jusqu'ici je vous ai parlé en maître, et avec
» cette autorité que Dieu m'a donnée sur vous.
» Je finis en vous priant, en vous exhortant par
» la gloire de la nation, par les mânes de mes
» ancêtres, de tant de princes dont le joug
» vous parut si doux, par l'attachement que
» vous devez avoir pour votre patrie, pour vos
» parens, vos amis, vos femmes, vos enfans,
» vos biens ; je vous prie, dis-je, et je vous con-
» jure de vous réunir d'inclination et de senti-
» ment avec moi, et dégagés de toute ambition,
» de travailler au repos et au bonheur de l'Etat.
» J'espère que vous me seconderez en cette oc-
» casion avec tout le zèle et toute la droiture
» qu'on peut attendre de sujets fidèles. Pour
» moi, je puis vous assurer de ma reconnais-
» sance, et outre l'honneur qu'une telle réso-
» lution vous fera dans le monde, la France
» vous regardera à jamais comme ses libéra-
» teurs ».

Ce discours, qui marquait parfaitement les
bonnes intentions du Roi, ne fit aucune impression sur le parti. Leur unique but était la

domination; et pour y parvenir, ils suscitèrent
des orateurs turbulens qui troublaient les déli-
bérations et achevaient d'aigrir les esprits.
Aussitôt qu'il fut question de finances, ils en
rejetèrent l'épuisement sur les ministres du
Roi; ils proposèrent même, dit le président de
Thou, de les mettre en jugement, de nommer
à cet effet six magistrats tirés des différens
parlemens du royaume, tandis que les États
choisiraient six députés de chaque ordre, ce
qui aurait formé un tribunal de vingt-quatre
juges à qui la connaissance de cette affaire aurait été attribuée.

Henri III voyait l'embarras de sa position
augmenter chaque jour. Il ne pouvait faire une
démarche qui n'excitât la jalousie des ligueurs.
Dans une position aussi difficile, il aurait dû
prononcer la dissolution des États, et ressaisir
en roi les rênes du gouvernement; mais il était
capable d'un acte de violence, et non d'un acte
de fermeté; il crut anéantir la Ligue en faisant
assassiner ses chefs; il fut trompé dans ses espérances : les factieux, après la mort du duc
de Guise et du cardinal de Lorraine, se montrèrent plus entreprenans et plus redoutables.

Ce parti, qu'il avait cru pouvoir diriger, mé-connut entièrement l'autorité royale, et se porta contre le Roi aux plus violens excès. Je n'ai pas besoin d'en faire le tableau, on le trouve dans l'Histoire et dans les Mémoires du temps; l'anarchie s'étendit sur une grande partie du royaume; le peuple, en proie à la misère et à l'oppression, invoquait vainement la justice; ses gémissemens n'étaient pas entendus.

On sait par quel crime épouvantable Henri III perdit la vie. Ce prince méritait un meilleur sort. Il aurait voulu régner pour le bonheur du peuple; mais dans les temps de trouble la seule volonté ne suffit pas, il faut suivre une marche franche et assurée. Un seul défaut, l'indécision, une seule faute, la condescendance à une faction, perdirent ce prince.

La scène va changer : nous allons voir un roi placé entre deux partis opposés, les dominer par sa fermeté et sa modération, tempérer la justice par la clémence, et rétablir le règne des lois. C'est dans son cœur et dans son caractère que Henri IV trouva les moyens de régner avec gloire pour lui-même, avec avantage pour ses peuples; il aima ses sujets et il en fut aimé;

il pardonna aux factieux, et il en fut respecté.
Indulgent envers l'erreur, il accueillit le re-
pentir, et sa bonté, qui ne fut jamais taxée de
faiblesse, désarma ses plus cruels ennemis. Jamais roi plus français ne monta sur le trône
de France.

Il eut de grandes difficultés à vaincre pour
accomplir ses généreux projets ; quelques-uns
des seigneurs qui ne l'avaient abandonné, ni
dans le malheur ni dans les jours du danger,
se montrèrent d'abord très-exigeans. Pour les
satisfaire, il eût fallu leur abandonner toutes
les places, et épuiser pour eux les ressources
de l'État ; ils étaient surtout mécontens de voir
parmi ses ministres des hommes tels que le
président Jeannin, qui, disaient-ils, avait
servi ses ennemis, et qui ne pouvait manquer de le trahir.

La première loi de la politique de Henri IV
envers les deux partis, fut d'être fidèle à ses
promesses ; mais, comme je viens de le dire, les
seigneurs protestans ne pouvaient voir, sans un
profond dépit, les honneurs et les richesses
que conservaient les chefs de la Ligue. « En vé-
» rité, disaient-ils, l'étranger ne croirait jamais,

» en voyant la cour de France, que c'est le parti
» de la Ligue qui a été vaincu. Avez-vous suivi
» depuis vingt ans la cause royale? Avez-vous
» supporté l'incendie de vos châteaux, la ruine
» de vos familles? Êtes-vous enfin de ces vieux
» serviteurs que le Roi, dans tous ses périls,
» a toujours vus à ses côtés? Voici toute la ré-
» compense à laquelle vous pouvez prétendre;
» le Roi vous sourit et vous aime; il tolère votre
» religion qu'il appelle aujourd'hui votre *er-*
» *reur;* il vous conserve un beau droit, celui
» de verser votre sang pour lui; mais pour prix
» de vos services, vous laisserez à vos fils la pau-
» vreté que vous avez noblement encourue; la
» gloire d'une vie pure vous est assurée; laissez
» à d'autres les dignités et les honneurs. Les
» combats, les victoires, la loyauté, l'honneur,
» mauvais moyens de fortune. La révolte, suivie
» d'une bonne capitulation, ne s'appelle plus
» aujourd'hui que de l'adresse, de l'esprit de
» conduite. Eh bien, mes amis, complétons
» nos sacrifices, accueillons les chefs de la Ligue;
» mais du moins ne laissons pas en péril la re-
» ligion pour laquelle, à l'exemple de nos pères,
» nous avons versé notre sang. Restons unis

» pour servir le Roi en dépit de lui-même ; met-
» tons-nous à couvert des concessions qui peu-
» vent lui échapper ; veillons à ce qu'elles ne
» se fassent pas à nos dépens. Servons le Roi,
» mais avec fierté, avec précaution ». (1)

Sully, le vertueux Sully, quoique ferme dans ses principes religieux, condamnait hautement ces inquiétudes et ces reproches. Son œil juste et perçant démêlait tous les motifs personnels qui se cachaient sous l'apparence d'un zèle ardent pour la cause publique. Il ne pouvait souffrir qu'on fît un grief au Roi de n'avoir pas prolongé la guerre civile, ou d'éviter avec soin toute occasion de la renouveler. « Ce n'est plus le roi de Navarre, disait-il, c'est
» le roi de France que nous servons. En mon-
» tant sur le trône, il a pris l'engagement de
» régner pour le bien de tous, et non pour
» l'avantage d'un petit nombre. Lorsqu'il s'agit
» de l'intérêt de l'État, nul sacrifice, pas même
» celui de ses affections personnelles, ne doit
» lui coûter. De quoi se plaignent ses vieux

______

(1) *Hist. des Guerres de Religion*, par M. C. Lacretelle. Chez Delaunay, libraire, au Palais-Royal.

» serviteurs? ne sont-ils pas comblés de grâces
» et de faveurs? Ne fait-on pas pour eux tout
» ce qu'il est possible de faire dans l'état d'épui-
» semènt et de misère où la France est réduite?
» Mais on ne doit pas s'y tromper, ce ne sont
» pas les hommes qui ont servi fidèlement le
» Roi, et qui l'aiment avec sincérité, dont les
» clameurs séditieuses retardent l'union de tous
» les bons Français; ils connaissent les difficultés
» de sa position, et admirent la sagesse de sa
» conduite. Ceux qui parlent avec tant de cha-
» leur de religion et de loyauté, sont pour la
» plupart des personnages qui ont flatté l'usur-
» pation, et qui, après avoir rampé sous les
» ducs de Guise et de Mayenne, se présentent
» comme des hommes sans tache, et n'ont
» d'autre but que d'obtenir des honneurs, des
» places lucratives, et d'engloutir la fortune
» de l'État ».

Henri IV n'ignorait pas les plaintes et les
murmures qui s'élevaient contre lui et ses ministres; mais il ne changea rien dans sa marche, et sans négliger ses amis, il préférait à
tout le repos et le bonheur de son peuple.

Il donna une preuve bien remarquable de

ses intentions paternelles, lorsqu'il accorda aux Protestans l'*Édit de Nantes* qui termina les dissensions religieuses, en établissant la liberté de conscience, et en garantissant les droits de tous ses sujets, quelques fussent leur condition et leur croyance. Les dispositions de cet acte de réconciliation avaient obtenu le suffrage des hommes les plus éclairés de son conseil; elles étaient commandées par la nécessité et conformes à la raison et à la justice; cependant elles excitèrent un vif mécontentement parmi certains Catholiques qui restaient étrangers au mouvement des esprits, et auraient voulu ramener la nation aux institutions féodales et religieuses du douzième siècle. Ces *ultra-Catholiques* ne pouvaient s'accoutumer aux idées de liberté. Si leur opinion eût prévalu, des milliers de citoyens auraient été privés de la jouissance de leurs droits, et frappés d'incapacité civile jusqu'à la dernière génération. On entendit même quelques-uns de ces forcenés proposer de *faire des Catholiques* ; c'est-à-dire d'établir un système d'inquisition et de terreur qui aurait réduit au désespoir, et peut-être précipité dans la révolte une partie considérable de la nation. Ces *ultra-Catholiques* s'imaginaient que la violence et l'injustice changeaient de nature lorsqu'on les employait au nom de la religion.

Henri IV, qui avait déjà contenu le zèle trop ardent d'un parti, montra la même fermeté en repoussant les prétentions exagérées du parti opposé. Lorsque l'Édit fut présenté à la vérification du Parlement, une vive opposition se manifesta dans l'assemblée ; les *ultra-Catholiques* qui en faisaient partie s'écrièrent que la religion était perdue sans ressource, que le Roi était trahi par ses ministres, et qu'il fallait s'opposer à l'enregistrement dans l'intérêt de l'autel et du trône.

Henri fit appeler le Parlement au Louvre, et lui parla en ces termes : « Que nos malheurs » passés nous servent de leçon pour le présent » et pour l'avenir. N'avons-nous pas assez versé » de sang ? n'avons-nous pas assez souffert ? La » guerre a été glorieuse ; elle pourrait l'être encore ; mais à présent l'État a besoin de la paix, » et comme Dieu s'est servi de moi pour vous » la donner, je vous exhorte à la conserver. De » quelles cruautés et de quelles horreurs notre

» malheureuse patrie n'a-t-elle pas été le théâtre?
» Le souvenir en fait encore frémir. Les peu-
» ples sont épuisés; j'ai voulu leur donner le
» repos dont ils ont besoin, et j'aime mieux
» sacrifier quelque chose de ma propre gloire
» que d'être accusé par la postérité d'avoir né-
» gligé les intérêts et le salut de la France. Je
» n'éblouis point vos yeux de cette pompe et
» de ce faste qu'affectent les rois, lorsqu'ils re-
» çoivent à leur audience des députés ou des
» ambassadeurs. Vous voyez, vous entendez un
» père qui parle à ses enfans.

» Le langage des séditieux qui veulent intro-
» duire une distinction de la paix des hommes
» et de la paix de Dieu, ne doit faire aucune
» impression sur vos esprits. Ils cherchent des
» prétextes pour dissimuler l'esprit de faction
» et de discorde qui les anime. A notre égard,
» tous les vœux et toutes les prières que nous
» faisons à Dieu ne tendent qu'à obtenir une
» heureuse tranquillité; elle sera le plus ferme
» appui de la religion; elle fera respecter les
» lois, et c'est être impie, injuste et mauvais
» Français que de souhaiter une guerre civile.

» Les guerres civiles causées par les querelles

» d'intérêt et d'opinion ne servent qu'à échauf-
» fer les passions et à perpétuer de funestes dé-
» bats. L'union des cœurs est le vrai moyen de
» concilier les esprits ; la guerre ne termine pas
» ces sortes de différends, il n'appartient qu'à
» la paix de les finir ; le succès des armes ne
» décide rien ; les rebelles attribuent le châti-
» ment de leurs crimes à la haine des hommes,
» et non à la justice de Dieu.

» Je joins des ordres précis à mes prières et
» à mes exhortations, et je me sers de l'autorité
» royale pour réprimer l'audace et punir la ré-
» volte. Je mépriserai toujours ces prédicateurs
» fanatiques, ces trompettes de la rébellion,
» qui étourdissent le vulgaire de leurs décla-
» mations insensées. Moi, qui me suis vu si
» souvent à la tête des armées, qui ai bravé la
» mort dans tant de siéges et de batailles, crain-
» drais-je aujourd'hui les invectives insolentes
» d'un orateur turbulent, ou le vain bruit d'un
» discours séditieux ?

» La loi dont je vous donne connaissance a
» été faite par mon prédécesseur, qui l'appelait
» son *Édit* ; elle est aussi en partie mon ou-
» vrage, et j'en partage la gloire, puisque j'y ai

» travaillé. Les dispositions n'en sont point
» nouvelles. Si l'on y a fait quelques additions
» ou quelques suppressions, la faveur et la
» partialité n'ont point causé ces changemens;
» on ne les a faits qu'après un mûr examen,
» et parce que les circonstances ne sont plus
» les mêmes. Exécutez mes ordres, souscrivez
» à cet Édit fondé sur les plus sages maximes,
» et qui, en réglant les droits de mes sujets
» protestans, empêchera la guerre civile de
» nous diviser une seconde fois, et nous ren-
» dra tranquilles au-dedans et respectables au-
» dehors (1) ».

L'expression franche et décidée de la volonté
royale fit disparaître toute idée d'opposition.
L'Édit de Nantes fut enregistré ; mais cette
vérification n'aurait été qu'une vaine forma-
lité, si le Roi n'eût fait usage de son pouvoir
pour en assurer l'exécution. Il recueillit bientôt les fruits de cette sage politique; les murmures s'apaisèrent, les haines réciproques
s'affaiblirent, la diversité des opinions ne fut
plus un moyen de vengeance et un motif de

____

(1) Histoire universelle du président de Thou.

proscription; tous les partis fléchirent devant la force des lois, et il ne resta des anciennes divisions *qu'un souvenir douloureux et utile.*

Dès ce moment, la France se présente aux yeux de l'observateur sous un autre aspect; l'industrie ranimée ouvre à l'État et aux citoyens de nouvelles sources de richesses; les campagnes, si long-temps désolées par le fléau de la guerre, deviennent le séjour de la paix et de l'abondance; le mouvement du commerce ne laisse plus de prétexte à l'oisiveté, et répand ses trésors dans les villes naguère en proie à la misère et aux fureurs de l'anarchie; enfin tous les Français, heureux sous le règne d'un bon roi, reprennent cette fierté nationale qui est le premier lien des grandes sociétés, et le garant de leur indépendance.

D'un autre côté, la paix intérieure une fois assurée, Henri IV put livrer sa grande âme aux nobles projets qu'il avait conçus en montant sur le trône. Grâces aux soins d'un homme vertueux et habile, qui fut en même-temps le ministre et l'ami de son roi, l'ordre le plus sévère fut établi dans l'administration des finances; les sueurs du peuple ne servirent

plus d'aliment à la corruption et à la prodiga-
lité. L'état des choses exigeait de grands sacrifices, mais du moins ils tournaient au profit
de la fortune publique, et par une suite nécessaire au profit des fortunes particulières.
Henri soulagea son peuple autant que les circonstances le permirent; mais il ne négligea
rien de ce qui pouvait le relever à ses propres
yeux et aux yeux de l'Europe; il organisa une
armée soumise à une discipline sévère, et où
régnait par-dessus tout le sentiment de l'honneur. C'est ainsi qu'il rendit à la France le
rang qu'elle avait perdu par ses divisions, et
qu'elle regagna par la sagesse du monarque et
par l'union des citoyens.

———————

CHAPITRE II.

La Fronde.

On ne pense jamais sans une vive douleur au crime affreux qui termina la glorieuse carrière de Henri IV. La France, veuve du meilleur des rois, ne tarda pas à connaître toute l'étendue de sa perte. La cendre de Henri était à peine refroidie, que déjà les partis se formaient pour se disputer l'autorité royale et dévorer les ressources de l'État. Des révolutions sanglantes déshonorèrent le palais des rois, et affligèrent la France jusqu'au moment où le pouvoir fut confié à un homme d'une grande fermeté et d'un grand génie. On peut accuser le cardinal de Richelieu d'avoir exagéré la puissance royale, et de s'être livré à des actes de vengeance indignes de son caractère; mais il faut aussi lui rendre justice. Sans lui, peut-être, la France restait soumise aux caprices et au despotisme d'une aristocratie également ennemie des rois et du peuple. Il délivra la nation des cent mille tyrans qui voulaient la tenir dans un état permanent d'oppression et de servitude.

C'est ici qu'il convient de faire une importante observation. Depuis l'origine de la monarchie, le corps de la noblesse française s'est tenu constamment séparé de la masse de la nation ; elle a souvent lutté avec les rois, elle a souvent traité avec eux, mais dans ces transactions on chercherait vainement un mot, un seul mot en faveur des droits du peuple ; bien différente des barons anglais, qui, dans leurs débats avec les souverains de la Grande-Bretagne, n'oublièrent jamais les communes, et travaillèrent avec une noble générosité à leur affranchissement. En France, les rois seuls ont été les libérateurs du peuple. Après cette remarque, il serait superflu de demander pourquoi le corps de la noblesse en Angleterre, et la royauté en France, ont résisté aux violentes commotions qui ont si puissamment agité ces deux pays.

La France était devenue en Europe la puissance prépondérante ; elle commençait à briller d'une gloire éclatante dans les arts utiles et dans ceux d'imagination, lorsque la mort frappa, coup sur coup, Richelieu et Louis XIII. Anne d'Autriche, reconnue régente, fut bientôt forcée d'apprécier le mérite du ministre qui avait été pendant tant d'années en butte à son inimitié. Un jour se trouvant à Ruel, maison du Cardinal, on la surprit considérant avec attention le portrait de Richelieu. « Si cet homme » vivait, dit-elle à ses confidens, il serait aujourd'hui plus puissant que jamais ». Ces paroles n'ont rien qui doivent nous étonner. La position est bien différente de celui qui est auprès du trône, ou de celui qui est sur le trône. L'horizon change lorsqu'on s'élève. On voit mieux en voyant de plus haut. Les petites passions, les petits intérêts disparaissent, un grand et unique objet, le bien public, fixe les regards et remplit une âme vraiment royale.

Sans doute, si Richelieu eût vécu, cette guerre de la Fronde, qui ne serait aujourd'hui que ridicule, si elle n'eût ensuite servi de prétexte à l'établissement d'un despotisme illimité ; cette guerre, dis-je, qui arrêta le cours de la prospérité nationale, n'eût jamais éclaté.

Dans les espérances, les projets et la révolte même de quelques seigneurs ambitieux, et du

Parlement, on découvre les traces de l'esprit de servitude et de la corruption qu'ils avaient contracté. Au lieu d'avoir encore des vues et des intérêts opposés, l'expérience de leur faiblesse , et les affronts qu'ils avaient essuyés sous le dernier règne , leur avaient persuadé de se réunir, pour se dédommager sous l'administration du cardinal Mazarin, de ce qu'ils avaient perdu sous celle du cardinal de Richelieu. Cette alliance avait déjà été projetée au commencement du règne de Louis XIII, et il en résulta les mouvemens qui troublèrent la minorité de son fils.

Cette union de deux corps qui dans le fond se méprisaient ou se craignaient, et ne pouvaient agir de concert , dont l'un n'entendait que les formes lentes de la procédure, et l'autre les voies de fait et le droit de la force , n'était pas capable de perdre un ministre aussi habile que Mazarin. On faisait la guerre en suivant les formes de la procédure criminelle, on informait contre les armées, on décrétait les généraux , et les seigneurs qui n'entendaient rien à ces procédés bourgeois, conduisaient la guerre comme on conduit un procès.

Au milieu de ce délire, quelques gens de bien tiennent des discours graves et sensés ; mais ils parlent une langue étrangère à des brouillons occupés de leurs intérêts particuliers, et qui, étant accoutumés à regarder la cour comme le principe de leur fortune, y entretenaient des correspondances secrètes, et étaient prêts à se vendre, eux et leur parti, pour une pension ou pour une dignité. Pour comble d'absurdité, on vantait sérieusement son obéissance et sa fidélité pour le Roi, en faisant la guerre au ministre dépositaire de sa puissance. Si je ne me trompe, on ne voit parmi les ennemis du cardinal Mazarin que des hommes qui auraient voulu lui vendre chèrement leurs services, et ce fut la principale cause de ses succès.

Je trouve une preuve frappante de cette vérité dans la conduite du chancelier Séguier. Ce magistrat avait été l'un des plus humbles valets du cardinal de Richelieu. Jamais le despotisme n'avait trouvé d'instrument plus docile. Il avait présidé la commission qui fit périr le jeune de Thou, malgré son innocence et l'intérêt qu'il inspirait à tous les honnêtes gens ;

Séguier, dévoué toute sa vie au pouvoir arbitraire, ne laissa pas, dans les troubles de la Fronde, de se joindre aux mécontens et de faire le réformateur. Ses faiblesses pour les femmes étaient connues, et toutefois il se piquait d'une morale austère. On ne pouvait s'empêcher de sourire avec mépris lorsqu'il déclamait sans esprit contre le luxe et la corruption des mœurs ; d'ailleurs, c'était un homme dépourvu de talens, et qui n'a dû une espèce de réputation qu'aux flatteries intéressées de l'Académie française, dont il fut l'un des premiers protecteurs.

Séguier s'était attaché à Gaston, duc d'Orléans, qui, de concert avec le cardinal de Retz, soutenait les prétentions des Frondeurs. Le prince comptait sur la fidélité du magistrat qui paraissait dévoué à son service ; mais le cardinal n'eut pas plutôt proposé de le rétablir dans ses fonctions de chancelier, que Séguier changea de langage et de parti. Voici de quelle manière l'historien de la Fronde raconte cet événement.

« Le ministre, persuadé que Séguier ne serait jamais *qu'un fantôme* qu'il placerait et déplacerait à sa volonté , ne craignit pas de payer, par l'exercice d'une des plus belles dignités de l'Etat, la plus étrange, *la plus lâche des perfidies* , sans se soucier ni de l'avilissement où tombait par là la majesté royale, ni de l'opposition de la Reine, qui, ayant plus de grandeur dans le caractère, savait aussi mieux soutenir celle de son rang, et ne voulait point consentir à ce rappel. Séguier fut donc reçu plus gracieusement qu'il ne le méritait et rétabli dans ses fonctions, excepté dans celle de garde-des-sceaux qui restèrent à Molé ». (1)

____

(1) Quelques historiens font un portrait différent du chancelier Séguier. Voici ce qu'on lit dans une histoire récente *du Ministère du Cardinal de Richelieu,* par M. Jay. « Ce magistrat, ami des lettres (P. Séguier), et recommandable par ses talens et son intégrité, était d'une famille depuis long-temps connue et distinguée dans le parlement de Paris ». Il y a là, si je ne me trompe, une réticence un peu trop forte. Je n'ignore pas que les écrivains du temps ne sont pas d'accord sur tous les points relativement à Pierre Séguier, et qu'on peut citer quelques témoignages en faveur de ses talens et de son intégrité ; mais ils s'accordent tous à le représenter comme un homme servile et ambitieux. C'est dans les Mémoires

La plupart des factieux ressemblaient à Sé-guier ; ils parlaient avec hardiesse contre le ministre, ils faisaient parade d'un beau zèle pour la chose publique, et n'avaient en effet d'autre but que de se faire acheter par la cour. Il est donc évident que, sous le voile du bien public, ils ne cherchaient que leur bien particulier ; ils se figuraient que dans le désordre ils trouveraient leur place, et s'empressaient de suggérer aux plus modérés des maximes propres à renverser le Gouvernement.

« L'État, disaient les magistrats frondeurs, se » trouvait dans une crise violente ; le peuple, » ainsi que tous les corps, se sentaient opprimés; » il était non-seulement de leur devoir comme

---

les plus estimés de ses contemporains que j'ai puisé mes renseignemens. Au reste, les faits parlent, et cela suffit.

On trouve dans un ouvrage intitulé : *Galerie de l'ancienne Cour*, une anecdote assez curieuse concernant ce chancelier. Il avoit été chartreux dans sa jeunesse. On raconte qu'étant tourmenté de fortes tentations, le supérieur lui permit de tinter la cloche du chœur, lui promettant que la communauté se mettrait en prières pour écarter l'esprit tentateur ; mais les tintemens de la cloche devinrent si fréquens, qu'on fut obligé de lui en interdire l'usage.

» Chrétiens, mais encore comme Français, de
» secourir tant de malheureux. N'étaient-ils pas
» établis, non-seulement pour rendre la jus-
» tice aux peuples, mais aussi pour modérer
» l'excessive autorité des rois et les abus du
» pouvoir? Ne représentaient-ils pas les États
» de la nation, puisqu'ils donnaient la régence?
» N'étaient-ils pas autorisés à demander compte
» d'un pouvoir qu'ils avaient conféré?

» Les ministres ne reconnaissaient plus ni
» frein, ni lois, ni justice. Quel temps atten-
» dait-on pour leur apprendre qu'ils gouver-
» naient des peuples libres ? Quelle époque
» plus favorable se présenterait jamais pour
» rendre au clergé et à la noblesse leurs anti-
» ques prérogatives, et pour assurer contre la
» tyrannie les priviléges et les droits des par-
» lemens » ?

Dans le même temps une foule de libelles,
de pamphlets séditieux, de chansons satiri-
ques, inondait Paris et les provinces. Il n'y
avait si mince écrivain qui ne se fît un honneur de lancer quelques traits contre la Reine
et les ministres. On composerait une vaste bi-
bliothèque des seuls écrits connus sous le nom

de *Mazarinades*. Les auteurs de ces misérables productions ne manquaient jamais de protester de leur dévouement au Roi, et ils n'allumaient la guerre civile que dans l'intérêt de la royauté.

L'homme qui joua un des principaux rôles à cette époque, fut le fameux cardinal de Retz. Sans se déchaîner contre la cour, sans parler de faction, de ligue, de parti, il était parvenu à gagner la confiance des mécontens, et les voyait secrètement chez lui. Avec les uns il se déclarait; avec les autres, plus prudent et non moins insidieux, il leur laissait entrevoir qu'il pourrait servir leurs projets. Il se plaignait comme eux des injustices de la cour, du pouvoir exorbitant des ministres, et de la difficulté qu'éprouvaient les plus fidèles serviteurs du Roi à obtenir des charges et des dignités.

Mais c'était principalement avec les parlementaires les plus zélés qu'il étalait son éloquence. Il ne leur disait pas précisément : Armez-vous contre la cour; attaquez les ministres; changez le Gouvernement. Il était trop adroit pour trahir ainsi le secret de ses sentimens; mais il leur faisait entendre que nul projet n'était plus honorable que la réforme d'une administration oppressive, et à laquelle ils n'avaient aucune part. Il leur faisait un tableau exagéré de la misère publique, et paraissait les regarder comme les soutiens du trône et les protecteurs du peuple.

L'effet de ces déclamations était certain sur des gens qui, la plupart nourris dans les formes du palais, et n'ayant aucune connaissance de l'administration, s'imaginaient que l'État ne pouvait être sauvé que par une réforme complète et un retour aux usages depuis long-temps abolis. La plupart n'étaient pas fâchés qu'on s'empressât de lever leurs scrupules, qu'on fournît des prétextes à leur ambition, et qu'on donnât à la révolte l'apparence du patriotisme.

Ces mécontens prirent le nom de *Frondeurs*; ils se faisaient remarquer par des cordons de chapeaux qui avoient la forme d'une fronde. Ce signe eut un effet incroyable, et le caractère de la nation s'y fit reconnaître; la mode s'en empara, et il ne fut plus permis de paraître dans les rues sans avoir arboré le signe de la Fronde.

Ce parti avait pour coryphées le président

René de Longueil , esprit méchant, factieux décidé, mais couvert, soufflant en secret le feu de la discorde. Chef du parti contre la cour, il avait soin de dissimuler en public, parce qu'il voulait faire tomber la surintendance à son frère , et devenir lui-même chancelier de la Reine.

Pierre Broussel, conseiller à la grand'chambre. C'était un de ces hommes qui, nés pour être obscurs, ne doivent leur célébrité qu'aux circonstances. On le regardait comme l'*enfant perdu* de la faction. Fallait-il faire une dénonciation et se charger du rôle d'accusateur, Pierre Broussel était toujours prêt. Attaché depuis long-temps à Longueil , il était devenu le confident des desseins de son dangereux ami, qui se servait de lui comme d'un instrument.

Le plus fougueux après Broussel , était René Potier de Blanc-Ménil, président aux enquêtes. L'exil de l'évêque de Beauvais , son oncle, le renversement des espérances dont son ambition avait été flattée, l'avaient jeté dans l'opposition. Personne, à l'exception de Broussel, ne parlait aussi haut que lui dans les assemblées, mais il parlait toujours de lui-même.

A ces trois hommes se joignirent le président Viole, homme de plaisir et sans application à sa profession, et le président Charton, *un peu moins que fou*, dit le cardinal de Retz.

Au-dehors du parlement, l'homme le plus dangereux et le plus perfide, était Chavigny, qui dans les premiers temps de la régence avait été appelé au ministère, et qui ne pouvait s'accoutumer à la vie privée. Chavigny avait acquis de la réputation à une époque où l'exercice du pouvoir absolu renversait toutes les barrières, et où la médiocrité n'était point un obstacle au succès des entreprises. Cette réputation le fit entrer au conseil de régence ; mais son esprit tourné à l'intrigue, et une avidité que rien ne pouvait satisfaire, causèrent sa disgrâce. Il supportait sans peine le mépris public ; un cœur pétrifié par l'égoïsme et par l'ambition, des traits immobiles, des yeux éteints, quelque chose de cadavéreux au moral comme au physique, annonçaient un homme mort à toute sensation délicate et à tout sentiment généreux.

L'espoir de rentrer au ministère ne l'abandonna jamais. Long-temps vendu au despotisme, il ne fut pas plutôt privé du pouvoir qu'il se réunit aux mécontens. Il entretenait une correspondance secrète avec les chefs du parti, dont il nourrissait les espérances séditieuses, par ses conseils et par ses sourdes intrigues.

Ces hommes, livrés à leurs passions, ne se contentaient pas d'intriguer dans Paris; ils entretenaient des intelligences dans les autres villes du royaume, et organisaient la révolte sur un plan vaste et habilement combiné. Leurs émissaires parcouraient les provinces, et formaient des sociétés secrètes qui n'attendaient que le moment de se déclarer ouvertement. C'est dans ces conciliabules qu'on préparait les moyens de soulever le peuple et de se soustraire à l'autorité des lois. Des personnes distinguées par leur naissance, des magistrats ambitieux, quelques prêtres fanatiques encourageaient la rébellion et préparaient la guerre civile.

L'un des moyens les plus efficaces qu'ils mettaient en usage était de répandre des bruits alarmans. Le cardinal de Retz excellait dans cette partie. « Des calomnies, dit l'historien de la Fronde, tissues de la main du prélat, ne pouvaient manquer de le servir à son gré. Pour régner sur le peuple, il faut y régner par la terreur; aveuglé par ce sentiment, il est capable de tout. Le Coadjuteur, soit par ses émissaires, soit par ses libelles, fit courir contre les desseins de la cour les bruits les plus absurdes et les plus horribles ». On ne saurait croire l'impression que produisaient ces rumeurs sur la crédulité du peuple, et avec quelle avidité il les recevait. La licence était sans bornes, des placards séditieux couvraient toutes les murailles ; les lieux publics étaient inondés de libelles, où l'on représentait le Gouvernement sous les couleurs les plus odieuses, et où l'on prédisait la ruine de l'Etat.

On ne se bornait point à ces manœuvres clandestines; le Parlement devint le théâtre des scènes les plus scandaleuses, et la rébellion finit par triompher dans le sanctuaire même de la justice. Voici, dit l'historien, que je viens de citer, quelles étaient les prétentions du Parlement.

« Ce corps tenait lieu des États-généraux si » rarement convoqués; il était le rempart du

» peuple contre les attentats du despotisme
» ministériel. Le droit qui donne la couronne
» aux rois, le droit de la compagnie à répri-
» mer les abus du pouvoir arbitraire, n'étaient
» ni moins anciens, ni moins naturels l'un
» que l'autre, et la voix des peuples les avait
» également consacrés. C'était en France, plus
» que partout ailleurs, que cette maxime de-
» vait être en vigueur, parce que la monar-
» chie y était mêlée d'aristocratie. Le Parlement
» n'avait pas été créé pour borner ses soins à
» la simple administration de la justice ; mais
» ce corps auguste était fait pour tenir la ba-
» lance égale entre le Roi et le peuple, pour
» éclairer l'un et protéger l'autre. Tuteurs des
» monarques, pères des sujets, les plus belles
» prérogatives de la royauté étaient communes
» entre eux et le souverain. Choix des minis-
» tres, impositions des charges publiques, em-
» ploi des deniers, tout était de leur ressort,
» rien n'avait force de loi que lorsqu'ils y
» avaient donné une sanction dont les sages
» monarques n'avaient jamais méconnu les
» droits : tout était donc permis pour s'en
» conserver l'usage ».

Le simple exposé de ces motifs suffit pour prouver que l'un des projets des factieux était d'établir une aristocratie qui se serait élevée sur les débris de l'autorité royale, et aurait imposé à la nation un joug avilissant dont elle se serait difficilement affranchie.

Heureusement pour la France, l'union n'était pas sincère entre les chefs du parti. Comme ils n'étaient guidés que par des vues personnelles, et que les mots spécieux de *liberté* et de *patrie* ne servaient qu'à couvrir leur cupidité, ils n'avaient aucune confiance les uns dans les autres. La plupart négociaient secrètement avec le ministère ; on a vu de quelle manière on parvint à détacher Pierre Séguier de la Fronde ; le zèle ardent du Coadjuteur ne put tenir contre un chapeau de cardinal.

Si le cardinal Mazarin eût montré dès l'origine plus de fermeté, il n'eût pas été forcé d'acheter la soumission des rebelles ; mais ce ministre, qui cependant a rendu de grands services à la France, ne prenait jamais que des demi-mesures ; il avançait et reculait avec les événemens. Lorsque le Roi eut atteint sa majorité, et que le conseil eût pris la résolution

d'agir avec vigueur, on fut bientôt convaincu
de la faiblesse du parti ; les cris séditieux ces-
sèrent, le parlement rentra dans les bornes de
ses attributions, la noblesse donna l'exemple
de la soumission, et la tranquillité fut réta-
blie comme par enchantement dans tout le
royaume. Le développement complet de la
puissance royale suffit pour éteindre l'esprit
de révolte et pour rétablir le règne des lois.

On vit alors ce qu'on verra toujours dans
de pareilles circonstances. Le peuple, trans-
porté d'allégresse à l'aspect de son Roi, laissa
sans appui les hommes qui avaient si long-temps
exercé sur lui une injuste domination. Le cardinal de Retz, Broussel, le duc de Beaufort,
tous les brouillons qui s'appuyaient sur la faveur populaire, tombèrent devant l'autorité
légitime, et leur chute n'excita aucun regret.

Le cardinal Mazarin usa de la victoire avec
modération. Il n'était susceptible ni d'une haine
violente, ni d'une vive amitié; mais il maniait
habilement les affaires ; il avait bien conçu le
plan de politique extérieure du cardinal de
Richelieu, et il eut le bon esprit de ne jamais
l'abandonner. La conclusion du traité de West-

phalie suffirait seule pour recommander sa mémoire à l'impartiale postérité.

Les troubles de la Fronde présentent un aspect moins sombre que les fureurs de la Ligue; mais les uns et les autres prouvent cette grande vérité, que Salluste a si heureusement exprimée dans le récit de la conspiration de Catilina. « *Le nom spécieux de bien public n'est qu'un voile dont se couvrent tous ceux qui troublent l'État, sous prétexte de soutenir les intérêts du peuple. Leur élévation particulière est l'unique motif de tous leurs mouvemens* ».

Conclusion.

La fermeté et la justice sont les seuls moyens de terminer les révolutions. Lorsqu'il existe deux partis dans un État, le Gouvernement doit rester inaccessible à l'un et à l'autre, réprimer leurs tentatives, de quelque prétexte qu'on s'efforce de les colorer, se tenir en garde contre les piéges d'une ambition déguisée, et ne s'occuper que de l'intérêt général.

Les libelles où la calomnie est jointe à l'audace attestent aujourd'hui l'existence d'un parti qui sépare ses intérêts particuliers des grands intérêts nationaux. Les auteurs de ces libelles réclament la liberté, c'est-à-dire, la licence ; ils embrassent la constitution, mais c'est pour l'étouffer ; ils protestent de leur dévouement au Roi, et ils ne tendent à rien moins qu'à le dépouiller de ses plus belles prérogatives.

L'époque qu'ils choisissent pour élever une voix séditieuse suffit pour les démasquer et pour les confondre. C'est au moment où la stabilité du trône et la fortune de l'État dépendent de la confiance et de l'union qu'ils s'efforcent de répandre des bruits perfides, afin d'alarmer tous les intérêts, et de replonger la France dans l'abîme des révolutions. C'est d'eux qu'on peut dire avec vérité : « On les reconnaît à leurs œuvres ».

La marche du Gouvernement, la sage fermeté du Monarque doivent nous rassurer. À l'exemple de son illustre aïeul, Louis XVIII a proclamé du haut du trône *un acte de réconciliation* qui satisfait tous les vœux, excepté ceux des passions ; tous les intérêts, excepté ceux de la haine et de l'égoïsme. Cet acte, dicté par la plus haute sagesse, cette Charte constitutionnelle, garantie de tous les droits et de toutes les libertés légitimes, est le point d'union de tous les bons Français. C'est un monument au pied duquel les efforts des factions viendront se briser, qui survivra à toutes les passions du moment, et sera pour l'avenir un gage de repos, de bonheur et de gloire.

FIN.

DE L'IMPRIMERIE DE CRAPELET.